6 minutos al día
VIENTRE PLANO

6 minutos al día

VIENTRE PLANO

SARA ROSE

Bath · New York · Singapore · Hong Kong · Cologne · Delhi · Melbourne

Producido originalmente por Bridgewater Book Company Ltd

Fotografía: Ian Parsons
Modelo: Lucinda Jarvis

Copyright © 2008 de la edición en español:
Parragon Books Ltd
Queen Street House
4 Queen Street
Bath BA1 1HE, Reino Unido

Traducción del inglés: Carme Franch Ribes para LocTeam, S. L., Barcelona
Redacción y maquetación: LocTeam, S. L., Barcelona

ISBN 978-1-4075-1679-0

Impreso en Indonesia
Printed in Indonesia

Advertencia
Consulte con su médico antes de realizar estos ejercicios, en especial
si padece alguna lesión, está embarazada o ha dado a luz recientemente.
Se recomienda dejar transcurrir al menos seis semanas después del parto
antes de practicar ejercicio (12 semanas en caso de cesárea). Si en algún
momento sintiera dolor o molestias, deje de practicar los ejercicios y
consulte de inmediato con su médico.

ÍNDICE

Quien más, quien menos sueña con tener un vientre plano, pero la sola idea de pasarse horas haciendo abdominales desanima a cualquiera. La solución pasa por la práctica constante de unos cuantos ejercicios. Sigue las tablas rápidas y sencillas de este libro y en unas semanas podrás presumir de ombligo.

Además de mejorar el aspecto físico, la reafirmación y la tonificación de los músculos abdominales reporta múltiples beneficios. Mejora la postura y el equilibrio y aumenta la flexibilidad, de manera que el cuerpo se mantiene en plena forma con el paso de los años. Aunque los músculos no se tonifican de la noche a la mañana, con constancia y sólo seis minutos al día obtendrás resultados sorprendentes sin que te resulte aburrido ni pesado.

Cómo utilizar este libro

Este libro incluye una serie de ejercicios sencillos agrupados en programas de seis minutos para que puedas compatibilizarlos con la ajetreada vida diaria. En las últimas páginas encontrarás un plan quincenal con los ejercicios agrupados por días, aunque si lo deseas puedes ir combinándolos a tu gusto para que te resulten más variados.

Ejercicio matutino

Mucha gente reserva las primeras horas de la mañana al ejercicio, después de un sueño reparador. Es entonces cuando el cuerpo se muestra más receptivo al movimiento físico, puesto que al realizarse con el estómago vacío recurre a las reservas de grasa. Además, de esta forma el metabolismo se activa a primera hora y eso te permite quemar calorías durante todo el día.

Espacio y equipo

No hace falta tener montado un gimnasio en casa, pero sí reservar un espacio libre que puedas utilizar a diario. Si es posible, realiza los ejercicios delante de un espejo de cuerpo entero para comprobar tus movimientos. Para mayor comodidad, utiliza una esterilla y, si quieres, una almohada para apoyar la cabeza y el cuello. Ponte varias prendas de ropa superpuestas para calentar los músculos al empezar y ve quitándotelas a medida que entres en calor. Viste prendas holgadas y ligeras, de tejidos transpirables. Un atuendo ideal sería, por ejemplo, un pantalón de deporte ancho y una sudadera con unos pantalones cortos y una camiseta debajo.

Alimentos y líquidos

El abdomen se expande de forma natural cada vez que comemos o bebemos, pero todo lo que ingerimos ejerce una incidencia directa sobre su aspecto. Para evitar la hinchazón, sigue los consejos de este apartado y combínalos con una dieta saludable. Aun así, ten en cuenta que si tienes una

barriga prominente tendrás que modificar tus hábitos alimentarios y realizar algún tipo de ejercicio cardiovascular para reducir la grasa corporal. De entrada no parece tener sentido beber más agua para tener un vientre plano porque éste se hincha con la ingesta de líquido; sin embargo, el efecto es el contrario, ya que el agua elimina toxinas y regula el apetito. Bebe ocho vasos de agua al día como mínimo, pero evita beber en abundancia antes del ejercicio físico para no presionar la vejiga. Para comprobar que bebes agua suficiente, observa el color de tu orina, que debe ser

INTRODUCCIÓN

lo más clara posible. Si el cuerpo no obtiene toda el agua que necesita tiende a almacenar reservas, lo que provoca retención de líquidos e hinchazón.

Un poco de anatomía

Antes de empezar a hacer ejercicio, conviene conocer los músculos que intervienen en la zona abdominal. Existen cuatro grupos de músculos abdominales que forman un corsé natural alrededor de la cintura. Estos músculos ejercen de apoyo a la zona lumbar, protegen los órganos internos y nos permiten doblarnos, girarnos y sentarnos. El músculo más interno es el transverso abdominal, que rodea la cintura en horizontal y mantiene estable la zona lumbar. El recto abdominal, que abarca del hueso púbico a la base de las costillas, permite doblar el tronco y es

Dieta para un vientre plano

Para lograr un vientre plano, combina el ejercicio con una dieta saludable.

- Prepara varias comidas ligeras al día y sigue una dieta variada. Consume el menor número posible de productos elaborados con trigo para evitar la hinchazón y las flatulencias.
- Come frutas y hortalizas frescas variadas y reduce el consumo de grasas saturadas.
- Siéntate a la mesa para comer y mastica bien los alimentos. El mensaje de que el estómago está lleno tarda 15 minutos en llegar al cerebro, de modo que si comes demasiado deprisa es probable que ingieras más alimentos de los que necesitas.

- No abuses de los hidratos de carbono refinados como las patatas, el arroz, el pan y la pasta. Tienen un bajo contenido en fibra (por tanto, no sacian) y se almacenan en forma de grasas en su mayoría.
- Evita los refrescos. Aunque sean sin azúcar provocan hinchazón por su contenido en toxinas.
- Evita los productos industriales y los platos preparados cargados de sal, azúcar y conservantes, pues alteran el equilibrio de la flora intestinal e hinchan.
- Reduce la sal para evitar la retención de líquidos.
- Las galletas, los dulces y los pasteles provocan una subida de azúcar inmediata en lugar de aportar energía progresivamente, además de aumentar el deseo de comer cosas dulces.

importante para mantener la postura. Los oblicuos externo e interno recorren la parte lateral del abdomen y permiten doblar el cuerpo a los lados y girar la columna vertebral. Los ejercicios que encontrarás en estas páginas están pensados para que todos estos músculos trabajen y se estiren para obtener un vientre más firme, plano y tonificado.

Terminología

En este libro se utiliza una serie de términos especializados. Por ejemplo, en algunos ejercicios se especifica que hay que mantener la columna en posición neutra; esto significa estar en la posición adecuada cuando se ejercite la zona abdominal para obtener un mejor resultado. Túmbate de espaldas con las rodillas un poco flexionadas y los pies un poco separados (alineados con las caderas). Apoya los pulgares en la base de las costillas y los meñiques en la parte superior de las caderas. Atrae ambos puntos empujando suavemente del ombligo

hacia dentro para contraer los músculos abdominales. Mantén la espalda en contacto con el suelo; quedará un pequeño espacio entre la parte baja de la espalda y el suelo, aun así no arquees la columna. Se trata de relajar la espalda para ponerla en su postura natural. Otros términos con los que deberás familiarizarte son: *extensión*, que significa «estirar un miembro o la columna»; *flexión*, «doblar un miembro o la columna», y *rotación*, «girar el cuerpo alrededor de su eje».

Respiración

Para respirar de la forma correcta cuando realices los ejercicios, inspira por la nariz durante la preparación, espira por la boca mientras realiza el movimiento e inspira de nuevo por la nariz al finalizar. Lógicamente, si se trata de un ejercicio largo deberás inspirar y espirar de forma regular. Al espirar con el movimiento, los músculos abdominales se contraen y se fortalecen, además de ejercitar los músculos menos superficiales.

CALENTAMIENTO

Aunque siempre es tentador ponerse a hacer los ejercicios sin más preámbulos, la falta de calentamiento podría provocarte alguna lesión, ya que cuando los músculos y las articulaciones están fríos son menos flexibles y se tuercen con más facilidad. Las tablas de ejercicios de seis minutos no incluyen el calentamiento previo a cada sesión.

Giro de cintura

No muevas las caderas ni las rodillas durante este ejercicio. Si quieres, puedes mover los brazos como si bailaras con un aro para inspirarte.

1 Colócate de pie, con la columna en posición neutra, las rodillas un poco flexionadas (pero sin bloquearlas), los pies alineados con las caderas y las manos apoyadas en las caderas. Mantén la columna en posición neutra.

2 Contrae los músculos abdominales haciendo fuerza con el ombligo hacia dentro.

3 Sin mover las caderas ni las rodillas, gira la cabeza y los hombros hacia la derecha y vuelve a la posición inicial.

4 Repite el ejercicio hacia la izquierda: gira la cabeza y los hombros sin mover las caderas ni las rodillas.

5 Haz cinco repeticiones más con cada lado.

1

3

Círculos con la cadera

Este ejercicio activa los músculos abdominales inferiores. Asegúrate de que mueves sólo la pelvis, no el torso.

1 Colócate de pie, con las rodillas algo flexionadas, los pies ligeramente separados (alineados con las caderas) y las manos apoyadas a ambos lados de las caderas.

2 Contrae los músculos abdominales haciendo fuerza hacia dentro con suavidad, sin meter cintura ni contener la respiración.

3 Gira suavemente la pelvis hacia la derecha hasta formar un círculo completo.

4 Repite nueve veces el giro hacia la derecha y luego realiza 10 giros más hacia la izquierda.

Marcha

Este ejercicio de calentamiento aumenta la temperatura corporal y favorece la llegada del flujo sanguíneo a los músculos. Durante al menos un minuto, anda sin moverte del sitio balanceando los brazos y levantando cada vez más las rodillas, pero sin llegar a una marcha militar. Respira profunda y regularmente mientras realizas el movimiento. Cuando entres en calor, haz algunos ejercicios de estiramiento.

Inclinación hacia delante

Para este ejercicio no es necesario que llegues a tocarte las puntas de los pies; se trata de doblarte únicamente hasta donde puedas sin forzar el cuerpo. Con el tiempo y un poco de práctica irás ganando flexibilidad.

1 Colócate de pie, con los pies un poco separados (alineados con las caderas) y flexiona un poco las rodillas para no bloquearlas. Apoya las palmas de las manos en los muslos.

2 Contrae los músculos abdominales haciendo fuerza hacia dentro.

3 Desliza lentamente las manos por las piernas en dirección a los pies. Trata de arquear la espalda lo menos posible.

Vientre plano en un abrir y cerrar de ojos

Para que el vientre se vea más plano de forma instantánea, adopta una postura correcta. Para ello, mantén la columna en una posición natural en lugar de encorvarla o estirarla. Para una estilización inmediata, separa las piernas un poco (con los pies alineados con las caderas). Aprieta un poco las piernas, de manera que las rodillas queden un poco flexionadas. Estira la columna, contrae los músculos abdominales y mantén una postura erguida. Relaja los hombros de manera que el cuello se vea lo más largo posible. Así de fácil es adoptar una apariencia más estilizada al instante.

1

4 Sigue bajando hasta que notes que se estiran los músculos de la parte posterior de las piernas, pero detente en cuanto empieces a sentir dolor.

5 Cuenta hasta tres y vuelve a la posición inicial.

6 Repite el ejercicio cuatro veces más. No olvides respirar de forma regular.

ATENCIÓN
No fuerces nunca los estiramientos hasta sentir dolor.

3

Inclinaciones laterales

No realices este ejercicio deprisa con los brazos levantados por encima de la cabeza, o te será difícil controlar el movimiento.

1 Colócate de pie, con los pies ligeramente separados (alineados con las caderas) y flexiona ligeramente las rodillas. Deja caer los brazos a los lados.

2 Contrae los músculos abdominales haciendo fuerza hacia dentro.

3 Con la espalda recta y sin inclinarte hacia delante, dobla la cintura a un lado de manera que la mano se deslice por la pierna. Deslízala de nuevo hacia arriba hasta volver a la posición inicial.

4 Haz lo mismo con el otro lado. Repítelo cuatro veces más por cada lado.

3

Puedes practicar estos sencillos ejercicios mientras estás sentada trabajando o incluso mientras viajas. Son estupendos para tonificar el vientre y rectificar la postura. Necesitarás una silla con el respaldo recto, no una de oficina.

Trabajo abdominal

Este ejercicio tonifica y alisa el músculo más interno (transverso abdominal) y el que recorre la pared anterior del abdomen (recto abdominal).

1 Siéntate en una silla, con los pies en el suelo, ligeramente separados (alineados con las caderas), las rodillas alineadas con los tobillos y las manos sobre los muslos.

2 Adopta una postura recta. Contrae los músculos abdominales haciendo fuerza hacia dentro. Cuenta hasta 10 y relájate.

3 Descansa contando hasta tres antes de repetir varias veces el ejercicio.

1

ATENCIÓN
Respira de forma regular.
No contengas la respiración,
de lo contrario podría aumentar
la tensión arterial, lo cual
puede ser peligroso cuando
se practica ejercicio.

ATENCIÓN
Respira normalmente mientras
realizas este ejercicio.

Concentración

Para obtener el máximo rendimiento de los
ejercicios, concéntrate en los movimientos
y ve diciéndote lo bien que sientan. Incluso
puedes visualizar el efecto benéfico que producen
en tu cuerpo, que estará cada vez más armonioso
y tonificado.

Trabajo de caderas

Este ejercicio fortalece los oblicuos abdominales y estabiliza la pelvis. Si estás embarazada puedes practicarlo con total seguridad.

1 Siéntate en una buena postura y apoya
las manos sobre los muslos. Estira el
tronco a lo largo de la columna.

2 Levanta una cadera en dirección a las
costillas, cuenta hasta 10 y vuelve a la
posición inicial.

3 Repite el ejercicio con la otra cadera.

Cómo sentarse correctamente

Si te sientas correctamente no sólo perderás
michelines, sino que también le harás un favor
a tu espalda. Siéntate recta con los pies apoyados
en el suelo, separados a la altura de las caderas,
y con las rodillas rectas (no dobles los pies debajo
de la silla). Evita inclinarte hacia delante o hacia
atrás para no presionar la zona lumbar. No cruces
las piernas, de lo contrario la columna no perma-
necerá recta. Contrae los músculos abdominales
haciendo fuerza hacia dentro. Relaja los hombros
y junta los omóplatos para mantenerlos rectos.
Si adoptas esta costumbre, no tardarás en notar
la diferencia. Incluso respirarás más profundamente
porque el abdomen no estará comprimido.

2

3

Elevación de rodillas

Esta práctica ejercita el recto abdominal, el músculo que recorre la pared anterior del abdomen. Realiza los movimientos de una forma controlada y fluida.

1 Siéntate en el borde de una silla con las rodillas juntas y dobladas, y los pies apoyados en el suelo. Agárrate a los lados y contrae los músculos abdominales.

2 Inclínate un poco hacia atrás y levanta los pies unos centímetros del suelo sin separar las rodillas.

3 Acerca las rodillas al pecho e inclina el tronco hacia delante. A continuación apoya los pies en el suelo para volver a la posición inicial. Repite varias veces el ejercicio, pero descansa contando hasta tres antes de hacer las repeticiones.

Control del movimiento

Realiza todos los ejercicios lenta y cuidadosamente, prestando mucha atención a tus movimientos. Concéntrate y fíjate en cómo responde el cuerpo al movimiento. Si realizas un ejercicio demasiado deprisa o sientes dolor, significa que no lo haces correctamente. Los movimientos deben realizarse de una forma suave y controlada para que los músculos se estiren de forma natural.

ATENCIÓN
Evita inclinarte demasiado hacia delante, de lo contrario podrías perder el equilibrio.

Rotación de la columna

Este ejercicio moviliza la columna y la prepara para ejercicios intensivos.

1 Siéntate en una silla con la espalda recta y las manos sobre los muslos. Las rodillas deben estar alineadas con los tobillos.

2 Contrae los músculos abdominales. Empujando las caderas y las rodillas hacia delante, gira el tronco lentamente hacia la izquierda hasta apoyar ambas manos en el respaldo. Cuenta hasta 10 y vuelve a la posición inicial. Repite el ejercicio, esta vez girando el tronco hacia la derecha.

Ejercicios con la pelota

La pelota suiza es de gran ayuda para realizar los más variados ejercicios que trabajan los músculos abdominales. Como esta enorme pelota está llena de aire y tiene una superficie inestable, los músculos se ven obligados a hacer un mayor esfuerzo para mantener el equilibrio. Es más difícil de lo que parece, puesto que si no se ejercitan los músculos se pierde el equilibrio. Para ejercitar los músculos principales de la espalda y el abdomen, proteger la espalda de lesiones y mejorar la postura basta sentarse sobre la pelota y levantar los pies de uno en uno.

ATENCIÓN
No fuerces la columna,
gira sólo hasta donde puedas.

En esta postura se desafía la fuerza de la gravedad, por lo que los músculos realizan un mayor esfuerzo. Recuerda mantener los codos relajados, nunca bloqueados.

Fortalecimiento del abdomen

Este ejercicio, también conocido como hundimiento abdominal, reduce los músculos abdominales, lo que favorece la postura y hace que el vientre parezca más plano.

ATENCIÓN
Contrae el abdomen
utilizando los
músculos abdominales,
sin arquear la columna.

1 Ponte de cuatro patas (postura de la «caja») con las manos a la altura de los hombros, los codos algo flexionados y las rodillas alineadas con las caderas. Alinea la cabeza con el resto del cuerpo y mira hacia el suelo sin hundir la barbilla en el pecho.

2 Relaja los músculos abdominales y mete el ombligo hacia dentro.

3 Contrae los músculos, cuenta hasta 10 y vuelve poco a poco a la posición inicial. Respira lentamente y a un ritmo constante durante todo el ejercicio.

Flexión de pecho en caja

Con esta flexión se fortalecen los músculos transversos internos que cruzan el abdomen. Al apoyar las rodillas en el suelo, este ejercicio te resultará más fácil que la flexión tradicional, que podrás practicar cuando te sientas preparada.

1 Adopta la postura de la flexión pero apoyando las rodillas en el suelo y levantando los pies. Pon las manos con los dedos apuntando hacia delante, los codos rectos (sin bloquearlos), la cabeza alineada con el cuerpo y los pies juntos. Mantén los omóplatos hacia atrás y evita hundirte por el centro o levantar el trasero.

2 Mantén la posición, cuenta hasta 10 y respira de forma regular durante todo el ejercicio.

Cómo respirar correctamente

Aunque en general concedemos poca importancia a la respiración, la mayoría de nosotros sólo utilizamos el tercio superior de los pulmones. Para ganar en salud es imprescindible aprender a respirar bien, puesto que el oxígeno es el encargado de nutrir las células de nuestro cuerpo. La técnica de la respiración abdominal facilita una respiración más profunda. Se realiza mediante el diafragma, la membrana muscular que separa la cavidad torácica de la abdominal y que permite que los pulmones se llenen y se vacíen de aire sin esfuerzo. Inspira lentamente por la nariz y nota como se levanta la parte superior del abdomen. Contén la respiración unos segundos y espira lentamente por la boca.

ATENCIÓN

No realices este ejercicio si padeces alguna lesión en los hombros. Si notas tensión en los músculos de la espalda, separa un poco más las rodillas.

1

EJERCICIOS PÉLVICOS

Estos ejercicios fortalecen los músculos abdominales sin forzar la espalda, tonificándolos y reforzándolos de una forma sencilla.

Inclinación de la pelvis

Éste es un ejercicio muy recomendado para recuperar la figura tras el parto.

1 De espaldas con las rodillas dobladas y los pies en el suelo alineados con las caderas, adopta la postura neutra de la columna. Pon los brazos a los lados del cuerpo con las palmas hacia abajo y contrae los músculos abdominales.

2 Presiona la zona lumbar contra el suelo e inclina suavemente la pelvis de modo que el hueso púbico se levante. Vuelve lentamente a la posición inicial.

3 Repite varias veces el ejercicio a un ritmo lento pero constante.

Deslizamiento de la pierna

Otro ejercicio fácil para fortalecer los músculos abdominales.

1 De espaldas con las rodillas dobladas y los pies en el suelo (alineados con las caderas), pon los brazos a los lados del cuerpo con las palmas hacia abajo. Si quieres, puedes apoyar el cuello sobre una almohada fina o una toalla.

2 Contrae los músculos abdominales haciendo fuerza hacia dentro.

3 Inclina un poco la pelvis de manera que se levante el hueso pélvico.

4 Levanta los dedos de un pie, espirando mientras deslizas la pierna hacia delante sin despegar el talón del suelo.

5 Cuenta hasta tres y vuelve a la posición inicial. Repite el ejercicio con la otra pierna.

Abdominales inferiores

Con este ejercicio, más intensivo, se logra una mayor tonificación de los músculos abdominales internos. Si puedes realizarlo sin esfuerzo, probablemente no lo estés haciendo bien.

1 De espaldas con las rodillas dobladas, apoya los pies en el suelo alineados con las caderas. Comprueba que la columna se encuentra en la posición neutra. Pon los brazos a los lados con las palmas hacia arriba.

2 Levanta las piernas en un ángulo de 90º respecto al cuerpo.

3 Contrae los músculos abdominales y baja lentamente una pierna hasta que el pie toque el suelo, y luego levántala de nuevo.

4 Repite el ejercicio con la otra pierna.

Estos ejercicios tonifican el músculo recto abdominal, que recorre la parte frontal del abdomen. Al levantar la cabeza y los hombros, este músculo se contrae por ambos extremos. No realices estos ejercicios si tienes alguna lesión en el cuello.

1

Abdominal básico

Con estos abdominales debidamente ejecutados y poco esfuerzo obtendrás resultados sorprendentes en poco tiempo.

1 Túmbate de espaldas con una almohada dura y plana bajo la cabeza. Con los pies separados (alineados con las caderas) y bien apoyados en el suelo, dobla las rodillas y apoya las manos sobre los muslos.

2 Mantén la columna en posición neutra y contrae los músculos abdominales. Flexiona la columna para levantar la cabeza y los hombros unos 30º del suelo. Con el movimiento, las manos se deslizarán por los muslos. Mantén la zona lumbar en contacto con el suelo en todo momento. Recupera lentamente la posición inicial.

Para intensificar el efecto, cruza las manos sobre el pecho mientras flexionas la columna. Si puedes hacer esto con facilidad, pon las manos a los lados de la cabeza para que la resistencia sea aún mayor.

2

Consejos básicos para realizar abdominales

- Mantén siempre las rodillas flexionadas.
- Espira al iniciar el movimiento e inspira al volver a la posición inicial.
- No aguantes nunca la respiración durante el movimiento, puesto que podría aumentar la tensión arterial.
- Realiza todos los ejercicios de forma lenta y controlada.
- No pongas las manos detrás de la nuca, de lo contrario podrías provocarte una lesión cervical.

Abdominal con repeticiones

Con esta variante se trabaja intensamente el recto abdominal gracias a la repetición de la parte más intensiva del ejercicio.

1 Túmbate de espaldas con los pies apoyados en el suelo, las rodillas flexionadas y los brazos a los lados (con las palmas de las manos hacia abajo). Mantén la columna en posición neutra.

2 Contrae los músculos abdominales. Empieza la flexión levantando la cabeza y los omóplatos del suelo mientras estiras los brazos hacia delante.

3 Levántate unos 30º del suelo. A continuación, extiende los brazos y realiza movimientos hacia delante y hacia atrás desde esta posición.

4 Repite este movimiento varias veces y vuelve a la posición inicial.

OBLICUOS

Los abdominales oblicuos ejercitan los músculos recto y oblicuo abdominal, los responsables de otorgar definición a la cintura; con ellos fortalecerás los músculos del abdomen y afinarás la cintura.

Oblicuo básico

1 Túmbate de espaldas con las rodillas flexionadas y los pies en el suelo separados (alineados con las caderas). Apoya las manos en las sienes. Levanta la pierna izquierda y apoya el tobillo sobre el muslo derecho. Mantén la columna en posición neutra y contrae los músculos abdominales.

2 Flexiona el tronco hacia la izquierda, espirando con el movimiento. El codo derecho debe acercarse a la rodilla izquierda. Mantén el lado izquierdo en contacto con el suelo para que la espalda tenga un apoyo.

3 Vuelve a la posición inicial, inspirando con el movimiento.

4 Repite este ejercicio flexionando el tronco hacia la derecha.

1

2

Oblicuo avanzado

1 De espaldas con la columna en posición neutra y las rodillas flexionadas, apoya los pies en el suelo separados (alineados con las caderas). Pon la mano derecha en la sien derecha. Levanta la pierna izquierda y apoya el tobillo sobre la rodilla derecha. Rodea la parte interior del muslo izquierdo con la mano izquierda y presiónalo hacia fuera.

2 Inspira y contrae los músculos abdominales. Espira mientras levantas la cabeza y giras el tronco de manera que el codo derecho se acerque a la rodilla izquierda.

3 Vuelve a la posición inicial, inspirando con el movimiento. Apoya el tobillo derecho sobre la rodilla izquierda y repite el ejercicio.

Apoyo para el cuello

Mucha gente se queja de dolor en el cuello cuando realiza abdominales. Esto suele suceder porque ejercitan los músculos del cuello en lugar de los abdominales a la hora de levantar la cabeza y los hombros. Para evitarlo, apoya la cabeza sobre una toalla y estira de los extremos para que el cuello descanse mientras realizas el ejercicio.

ATENCIÓN
No realices este ejercicio si tienes alguna lesión cervical.

1

2

INVERTIDOS

Los abdominales invertidos ejercitan el transverso abdominal, el músculo más interno que rodea la cintura como un corsé, y el recto abdominal, responsable del aspecto «tableta de chocolate».

Abdominal invertido básico
No arquees la espalda cuando realices este ejercicio.

1 De espaldas con la columna en posición neutra, estira los brazos junto al cuerpo con las palmas de las manos hacia abajo. Dobla las rodillas en dirección al abdomen y cruza los tobillos.

2 Contrae los músculos abdominales haciendo fuerza suavemente hacia dentro.

3 Acerca las rodillas al pecho y luego bájalas de nuevo.

ATENCIÓN
No olvides respirar a un ritmo constante.

Ejercitación de los músculos
Los músculos están formados por millones de diminutos filamentos de proteínas que se relajan y contraen para generar movimiento. Muchos músculos están unidos a los huesos mediante tendones y están controlados conscientemente por el cerebro. Las señales eléctricas del cerebro viajan a través de los nervios hasta los músculos, y hacen que éstos contraigan todas sus células. El movimiento se genera cuando los músculos tiran de los tendones, que mueven los huesos a través de las articulaciones. Los músculos trabajan por pares, lo que permite que los huesos se muevan en dos direcciones, y la mayoría de los movimientos requieren la acción de varios grupos musculares.

Abdominal invertido avanzado

1 Túmbate de espaldas con la columna en posición neutra. Puedes apoyar las manos en las sienes o estirar los brazos a los lados del cuerpo con las palmas de las manos hacia abajo. Levanta las piernas en vertical con las rodillas flexionadas y los tobillos cruzados.

2 Contrae los músculos abdominales.

3 Inclina la pelvis hacia delante de manera que los glúteos se separen del suelo pero sin mover las piernas. Baja la pelvis hasta la posición inicial.

Evita los abdominales bruscos

Los ejercicios de estas páginas, en los que los movimientos siguen la forma natural de la columna, son mucho más seguros y efectivos que los abdominales corrientes. Para ejercitar un músculo como es debido, debe trabajarse como si fuera el músculo principal que se contrae para mover una articulación. Cuando se realizan los abdominales tradicionales, los músculos del abdomen son responsables sólo de los primeros 30º del movimiento, mientras que el resto del movimiento recae en los músculos flexores de la cadera, que se encuentran en la zona lumbar. Como no se trata de un punto rígido sino de una columna flexible, la tensión en estos flexores es tan intensa que podría forzar excesivamente la zona lumbar.

3

Estos ejercicios harán trabajar intensamente los músculos abdominales, por lo que no son aptos para principiantes. Antes de ponerlos en práctica deberás tonificar los músculos durante unas semanas.

Prolongación lateral

En este ejercicio, los pequeños movimientos controlados ejercitan los músculos al máximo.

1 De espaldas, con la columna en posición neutra, flexiona las rodillas, pon los pies en el suelo alineados con las caderas y apoya las palmas hacia abajo a los lados del cuerpo. Contrae los músculos abdominales.

2 Levanta la cabeza y los hombros en un ángulo de 30º. Mantén esta posición y estira la mano derecha hacia la pantorrilla derecha.

3 Muévete hacia delante y hacia atrás 10 veces y luego vuelve a la posición inicial. No olvides respirar a un ritmo constante.

4 Repite el ejercicio, esta vez estirando la mano izquierda en dirección a la pantorrilla izquierda. Aumenta paulatinamente la cantidad de repeticiones.

4

2

Prolongación extendida

Antes de realizar este ejercicio deberás dominar los abdominales básicos.

1 De espaldas con la columna en posición neutra, flexiona las rodillas y pon los pies en el suelo algo separados (alineados con las caderas). Levanta los brazos por encima de la cabeza.

2 Contrae los músculos abdominales y empieza a levantar lentamente la cabeza y los hombros del suelo. Mantén los brazos en paralelo a la cabeza.

3 Sigue el movimiento con los músculos abdominales hasta que la parte superior de la espalda quede a un ángulo de 30°.

4 Cuenta hasta dos y recupera poco a poco la posición inicial, inspirando con el movimiento.

«El cien»

Este ejercicio de Pilates (un método habitual en el mundo de la danza y cada vez más conocido por el público en general) tonifica toda la zona abdominal. Para una versión intensiva, levanta las piernas y estíralas (manteniendo las rodillas algo flexionadas).

1 Túmbate de espaldas con las manos a los lados suspendidas en el aire con las palmas hacia abajo. Flexiona un poco las rodillas y apoya los pies en el suelo. Mantén la columna en posición neutra. Contrae los músculos abdominales.

2 Levanta poco a poco la cabeza y los hombros del suelo de manera que la zona lumbar quede apoyada. En esta postura, mueve los brazos hacia arriba y hacia abajo cinco veces, inspirando y espirando con los movimientos.

Extensión de piernas

Al extender las piernas se trabajan los músculos transversos abdominales.

1 Siéntate en el suelo con las rodillas flexionadas y los pies en paralelo con las puntas apoyadas en el suelo y los talones levantados.

2 Inclínate un poco hacia atrás y apóyate en los brazos con las palmas de las manos hacia abajo.

3 Contrae los músculos abdominales.

4 Extiende las piernas hacia delante pero sin estirarlas por completo. Llévalas de nuevo a la posición inicial.

La indumentaria ayuda

Busca soluciones prácticas para sacar el mayor partido de tu físico y sentirte segura con tu aspecto actual. No intentes ocultar los michelines debajo de camisetas muy holgadas y pantalones de chándal de cinturilla elástica, ya que lo único que conseguirás es demostrar que tienes algo que ocultar. Utiliza prendas que te favorezcan. Por último, reserva los tacones sólo para ocasiones especiales, puesto que inclinan el peso del cuerpo hacia delante y afean la postura.

Elevación de piernas y brazos

Reserva este ejercicio, más duro, para cuando domines todos los abdominales.

1 De espaldas, con la columna en posición neutra, estira los brazos por detrás de la cabeza. Flexiona la rodilla derecha sin despegar el pie del suelo y estira un poco la pierna izquierda flexionando la rodilla.

2 Contrae suavemente los músculos abdominales haciendo fuerza hacia dentro. Despega poco a poco los hombros del suelo y acerca la pierna izquierda al pecho, levantando los brazos con el movimiento. Vuelve a la posición inicial y repite el ejercicio con la pierna derecha.

Cuestión de motivación

Con frecuencia empezamos a hacer ejercicio con mucho entusiasmo pero rápidamente perdemos todo el interés y terminamos por apalancarnos. Cuando empieces el programa de tonificación, sé realista sobre el lugar y los días en los que puedes llevarlo a cabo. Como necesitas reservar seis minutos al día, convierte la tabla de ejercicios en una parte más de tu rutina diaria, como lavarse los dientes. Aunque pierdas varios días de práctica, no te desanimes ni tires la toalla. Un poco de ejercicio de forma irregular siempre es mejor que nada.

ATENCIÓN
Mantén la barbilla separada del pecho.

1

2

Torsión con cojín

Este ejercicio tonifica y fortalece los oblicuos y permite mover la columna sin riesgos. Aunque los hombros y los brazos no deben despegarse del suelo en ningún momento, al principio es normal que el brazo y el hombro del lado contrario se levanten un poco.

ATENCIÓN

No realices este ejercicio si tienes problemas de espalda.

1 Túmbate de espaldas con los brazos en cruz y las palmas de las manos hacia abajo. Flexiona las rodillas. Los pies deben estar juntos y sin tocar el suelo, pero para que el ejercicio resulte más fácil puedes apoyarlos en el suelo si es necesario.

2 Ponte un cojín o una almohada entre las rodillas, de este modo las mantendrás juntas.

3 Contrae los músculos abdominales.

4 Inclina lentamente las piernas hacia la derecha en dirección al suelo al mismo tiempo que giras la cabeza hacia la izquierda. Debes notar como se van despegando del suelo los glúteos, las caderas, la cintura y las costillas. Sigue inclinando el cuerpo hasta que la rodilla y el pie derechos toquen el suelo y la pierna izquierda quede encima.

5 Vuelve a poner las rodillas y la cabeza en la posición inicial.

6 Repite el ejercicio con el otro lado.

Toque de puntillas

Con este ejercicio se alisan los músculos transversos abdominales.

1 Túmbate de espaldas con la columna en posición neutra, las rodillas levantadas a la altura de las caderas y los pies apuntando hacia afuera, paralelos al suelo.

2 Contrae los músculos abdominales haciendo fuerza hacia dentro, evitando meter barriga o contener la respiración.

3 Baja lentamente una pierna hasta que toques el suelo con la punta del pie. Vuelve a la posición inicial y repite el ejercicio con la otra pierna.

Ejercicios perjudiciales

Uno de los ejercicios que cuenta con más larga tradición consiste en sostener un palo de escoba o de billar por encima de los hombros y, con los brazos estirados, girar el cuerpo vigorosamente de un lado a otro para afinar la cintura. Sin embargo, este tipo de ejercicios no son beneficiosos sino todo lo contrario, puesto que crean un movimiento de giro balístico alrededor de la columna (el eje de rotación). Con este ejercicio, no sólo podrías dañarte los oblicuos, sino también provocar pequeños esguinces en la columna. Además, la fuerza de la parte superior del cuerpo ejerce una presión extrema sobre la columna que podría dislocar las vértebras.

1

3

Elevación de piernas

Con este ejercicio se fortalecen los múscu-los abdominales internos (transversos) y se trabajan los isquiotibiales (que se encuen-tran en la parte posterior de los muslos).

1 Túmbate de espaldas con los brazos a los lados y las palmas de las manos hacia abajo. Flexiona las rodillas, separa los pies (alineados con las caderas) y apóyalos en el suelo. Contrae los músculos abdominales.

2 Levanta la pierna izquierda hacia el techo sin dejar de flexionar la rodilla, y luego bájala. A continuación, levanta y baja la pierna derecha del mismo modo.

Sin perder el ritmo

Para tonificar el cuerpo es importante trabajar a la intensidad adecuada. Si te esfuerzas poco no notarás la diferencia, mientras que si fuerzas el cuerpo en exceso podrías lesionarte. El objetivo de un programa de tonificación es hacer trabajar más los músculos, aumentando ya sea la duración o la intensidad de los ejercicios. En las últimas repeticiones los músculos empezarán a cansarse y puede que notes una sensación de calor intenso en la zona que trabajas, pero se trata de algo normal que pasará una vez descanses un poco. Al principio puede que experimentes dolor y rigidez musculares, sobre todo si practicas ejercicio por primera vez, pero si apenas puedes moverte significa que has forzado demasiado el cuerpo. Descansa un par de días y vuelve a empezar a una intensidad menor.

2

3

Estiramiento de piernas

Este ejercicio pone a prueba el equilibrio y trabaja los músculos abdominales.

1 Túmbate de espaldas con los pies ligeramente separados (alineados con las caderas) y las rodillas flexionadas. Inspira.

2 Al espirar, contrae los músculos abdominales y acerca las rodillas de una en una al pecho.

4

3 Inspira y sujeta la rodilla izquierda con ambas manos.

4 Al espirar, estira la pierna derecha en línea recta de manera que la espalda y los hombros no se despeguen en ningún momento del suelo.

5

5 Inspira y acerca de nuevo la pierna derecha al pecho.

6 Repite el ejercicio con la otra pierna.

ATENCIÓN
Si notas que arqueas la espalda, levanta más la pierna estirada para que quede recta.

Los dos ejercicios de estas páginas son estupendos para afinar la cintura, pero no son aptos para principiantes. Antes de practicarlos es conveniente dedicar unas semanas a tonificar la zona abdominal.

1

3

4

Elevación lateral

Con este ejercicio se trabajan los oblicuos y se refuerza la alineación natural del cuerpo. Evita impulsarte con el brazo apoyado en el suelo, puesto que el movimiento se controla mediante los músculos abdominales.

1 Túmbate de lado en línea recta. Extiende el brazo inferior debajo de la cabeza en línea recta con el cuerpo. Dobla el brazo superior por delante para apoyarte de modo que la mano quede a la altura del pecho.

2 Contrae los músculos abdominales.

3 Levanta las dos piernas del suelo.

4 Levanta algo más la pierna superior de modo que quede paralela a la inferior.

5 Cuenta hasta dos y baja la pierna superior hasta juntarla con la inferior.

6 Baja las dos piernas poco a poco hasta el suelo.

7 Repite el ejercicio con el otro lado.

ATENCIÓN
No arquees la espalda.

Sin prisa pero sin pausa
No dejes pasar más de un minuto entre un ejercicio y el otro. Cuanto más cortos sean los periodos de recuperación, más fortalecidos quedarán los músculos y más resistencia ganarás. ¡No te rindas!

Repeticiones

Los ejercicios de tonificación están planteados como un número de repeticiones. Una repetición equivale a un ejercicio. Una serie es un grupo de repeticiones, en general de seis a 12. Para ganar fuerza y resistencia deberás realizar un mismo ejercicio varias veces. El objetivo es trabajar hasta que los músculos estén cansados para que se fortalezcan con el tiempo y puedan seguir realizando los ejercicios durante más tiempo.

Bicicleta

Este ejercicio intensivo trabaja mucho los oblicuos, por lo que hay que tener unos músculos abdominales muy fuertes para practicarlo como es debido. Mantén los hombros apoyados en el suelo en todo momento.

1 Túmbate de espaldas con las rodillas flexionadas y las manos bajo la nuca.

2 Contrae los músculos abdominales y levántate unos 30º del suelo.

3 Acerca lentamente la rodilla derecha al pecho. Levanta la pierna izquierda sin que toque el suelo.

4 Estira la pierna derecha y repite el ejercicio con la izquierda.

Para un ejercicio más intensivo, cuando acerques la rodilla al pecho, gira el torso en dirección a ella de manera que el codo opuesto la toque.

ATENCIÓN
No juntes los codos, mantenlos abiertos.

La tabla de ejercicios se centra en trabajar intensamente los músculos abdominales para que se contraigan, pero no hay que olvidar que estos músculos también necesitan estirarse para que el cuerpo gane flexibilidad y no se lesione.

«La cobra»

Esta postura, propia del yoga, es excelente para estirar los músculos abdominales.

1 Túmbate boca abajo y pon las manos debajo de los hombros.

2 Inspira y levanta poco a poco los brazos hasta que estén rectos de modo que los codos queden algo flexionados. Con este movimiento, también se levantarán la cabeza y el pecho, y notarás un estiramiento de los músculos abdominales. No separes las caderas del suelo.

3 Cuenta hasta 10 y vuelve lentamente a la posición inicial.

Estiramiento de cintura (tumbada)

1 Túmbate de espaldas con las rodillas flexionadas y las plantas de los pies en el suelo. Pon los brazos en cruz. Inspira.

2 Espira y contrae los músculos abdominales. Empuja lentamente las rodillas a la izquierda mientras giras la cabeza a la derecha.

3 Cuenta hasta 10 y vuelve a la posición inicial. Repite el ejercicio empujando las rodillas a la derecha.

ATENCIÓN
No fuerces los músculos durante los estiramientos, de lo contrario podrías lesionarte la espalda.

Torsión sentada

1 Siéntate en el suelo con las piernas estiradas. Dobla la pierna izquierda y crúzala sobre la rodilla derecha.

2 Gira lentamente el tronco y la cabeza a la derecha (sin que llegues a sentir dolor) sin despegar los glúteos del suelo.

3 Cuenta hasta 10, deshaz la postura y vuelve a la posición inicial.

4 Repite el ejercicio con el otro lado.

1

ATENCIÓN
No fuerces los músculos en los estiramientos.

2

ESTIRAMIENTOS

Estiramiento lateral

1 Apoya la rodilla izquierda en el suelo y estira lateralmente la pierna derecha.

2 Apoya la mano izquierda en el suelo y pasa el brazo derecho por encima de la cabeza hasta que notes como se estira tu cuerpo.

3 Cuenta hasta 10 y vuelve a la posición inicial. Repite el ejercicio con el otro lado del cuerpo.

Consejos para estirarse al máximo

- Estira sólo los músculos que hayas ejercitado.
- Realiza los movimientos con suavidad.
- Evita los rebotes al realizar los movimientos.
- No fuerces nunca el cuerpo; es normal que notes cierta molestia, pero si sientes dolor detente.
- No contengas la respiración; respira libremente para que la sangre llegue a los músculos.

2

Estiramiento de cintura (de pie)

1 De pie con las piernas bien separadas, flexiona las rodillas. Gira el pie derecho hacia fuera y dobla la rodilla derecha para mantener el equilibrio. Mantén la pierna izquierda recta con la planta del pie hacia delante. Apoya la palma de la mano derecha en el muslo derecho para descansar el peso del cuerpo.

2 Levanta el brazo izquierdo por encima de la cabeza e inclínate hacia la derecha. Cuenta hasta 10. Repite el ejercicio con el otro lado.

1

2

ATENCIÓN
No te inclines en exceso. Notarás que los oblicuos se estiran, pero si sientes dolor, detente.

ESTIRAMIENTOS

Enfriar el cuerpo después del ejercicio es tan importante como calentarlo antes de empezar. Para que el cuerpo vuelva a la normalidad de una forma gradual, realiza estiramientos para enfriarlo al final de la sesión. Además de evitar mareos y bajadas bruscas de la temperatura corporal, los músculos que se han ejercitado van recuperando la posición normal para evitar contracturas. El enfriamiento también permite relajarse unos instantes antes de empezar la actividad cotidiana. Estos estiramientos pueden realizarse más de 10 segundos porque los músculos están calientes.

Elevación y cruce de piernas

1 Túmbate de espaldas con las piernas estiradas y los brazos en cruz.

2 Inspira y contrae los músculos abdominales. Al espirar, levanta la pierna derecha en línea recta y flexiona el pie.

3 Controlando el movimiento con los músculos abdominales, baja la pierna cruzándola por encima del cuerpo hasta que el pie toque el suelo.

4 Cuenta hasta 20 y luego vuelve lentamente a la posición inicial. Repite el ejercicio con el otro lado.

ATENCIÓN

Si no tocas el suelo con el pie, dobla el brazo para alcanzarlo y apoya el pie en la mano.

3

2

Estiramiento completo

1 Túmbate en el suelo y relájate. Inspira y extiende los brazos hacia atrás, de manera que queden por encima de la cabeza, y hacia fuera. Evita separar los brazos del suelo o intenta levantarlos lo menos posible.

2 Estira poco a poco todo el cuerpo desde los dedos de las manos hasta los de los pies. La zona lumbar puede separarse un poco del suelo.

3 Cuenta hasta 20 y vuelve poco a poco a la posición inicial, poniendo los brazos a los lados del cuerpo. Relájate.

ATENCIÓN

Si tienes problemas de espalda, flexiona un poco las rodillas. Si no estás acostumbrada a los estiramientos puede que notes rigidez en los hombros o calambres en los pies, en cuyo caso deberás descansar un poco. Con la práctica podrás realizar estos estiramientos durante más tiempo.

1

2

PLAN QUINCENAL

En estas páginas encontrarás un sencillo plan de ejercicios para dos semanas. Aunque se divide en sesiones de seis minutos, si no estás habituada a hacer ejercicio no es necesario que empieces con la tabla completa; es mejor ir aumentando progresivamente la duración y el tipo de ejercicios. También puedes planificar tus propias tablas. Los ejercicios de este libro tonificarán los músculos abdominales con rapidez, pero no son adecuados para *fitness* ni para perder peso.

Una tabla que se adapte a ti

El programa de ejercicios de estas páginas está planificado para que hagas una tabla de seis minutos cada día. No obstante, si no sueles practicar ejercicio habitualmente, al principio es mejor que realices las tablas en días alternos para que el cuerpo pueda recuperarse. Del mismo modo, si sientes rigidez o dolor el día después de hacer ejercicio, es importante que ese día descanses. Cada tabla se lleva a cabo en seis minutos, aunque este tiempo puede variar según la cantidad de repeticiones. Los ejercicios van ganando en intensidad, de modo que si lo prefieres puedes repetir las tablas de la primera semana durante varias semanas hasta que estés preparada para incorporar el programa más intensivo de la segunda semana en tu plan quincenal. Los números en cursiva indican el número de repeticiones que hay que hacer de cada ejercicio.

Día 1

Fortalecimiento del abdomen: *2-4* **pág. 18**

Inclinación pélvica: *1 serie (8-12)* **pág. 20**

Abdominal básico: *1 serie (6)* **pág. 22**

Torsión con cojín: *1 serie (6) por lado* **pág. 32**

«La cobra» **pág. 38**

Estiramiento de cintura (tumbada) **pág. 38**

Día 2

Trabajo abdominal: *2-4* **pág. 14**

Elevación de rodillas: *1 serie (6)* **pág. 16**

Trabajo de caderas: *5 por lado* **pág. 15**

Flexión de pecho en caja: *2*

  pág. 19

«La cobra» **pág. 38**

Estiramiento lateral

  pág. 40

Día 3

Deslizamiento de la pierna: *1 serie (10) por pierna* **pág. 20**

Oblicuo básico: *1 serie (6-8)* **pág. 24**

Abdominal invertido: *1 serie (6-8)* **pág. 26**

Toque de puntillas: *1 serie (6-8)* **pág. 33**

Torsión sentada **pág. 39**

Estiramiento lateral **pág. 40**

Día 4

Abdominal básico: *1 serie (6-8)* **pág. 22**

Extensión de piernas: *1 serie (10)* **pág. 30**

Estiramiento de piernas: *1 serie (10) por pierna* **pág. 35**

Elevación lateral: *2-4 por lado* **pág. 36**

Estiramiento de cintura (de pie) **pág. 41**

Día 5

Deslizamiento de la pierna: *1 serie (10) por pierna* **pág. 20**

Elevación de piernas: *1 serie (10)* **pág. 34**

«El cien»: *5* **pág. 29**

Prolongación lateral: *2 por lado* **pág. 28**

«La cobra» **pág. 38**

Estiramiento de cintura (de pie) **pág. 41**

Día 6

Fortalecimiento del abdomen*: 4* **pág. 18**

Abdominales inferiores: *1 serie (6-8)* **pág. 21**

Abdominal invertido básico: *1 serie (6-8)* **pág. 26**

Torsión con cojín: *1 serie (6-10) por lado* **pág. 32**

Torsión sentada **pág. 39**

Día 7

Flexión de pecho en caja: *2-4* **pág. 19**

Inclinación de la pelvis: *2 series (16-20)* **pág. 20**

Abdominal con repeticiones: *2-4* **pág. 23**

Toque de puntillas: *1 serie (6-8) por pierna* **pág. 33**

Estiramiento de piernas: *1 serie (10) por pierna* **pág. 35**

«La cobra» **pág. 38**

Día 8

Fortalecimiento del abdomen: *4* **pág. 18**

Inclinación pélvica: *2 series (16-20)* **pág. 20**

Abdominal básico: *1 serie (8-12)* **pág. 22**

Abdominal oblicuo básico: *1 serie (8-12)*

 por lado **pág. 24**

Estiramiento de cintura sentada **pág. 38**

Torsión sentada **pág. 39**

Día 10

Fortalecimiento del abdomen: *4* **pág. 18**

Abdominal con repeticiones: *1-2 series*

 (6-20) **pág. 23**

Prolongación extendida: *1 serie (6-8)*

 por lado **pág. 29**

«El cien»: *1 serie (6-10)* **pág. 29**

Torsión sentada **pág. 39**

«La cobra» **pág. 38**

Día 9

Trabajo abdominal: *4* **pág. 14**

Elevación de rodillas: *1 serie (6-8)* **pág. 16**

Oblicuo avanzado: *1 serie (8-10) por lado*

 pág. 25

«La cobra» **pág. 38**

Estiramiento lateral **pág. 40**

Día 11

Flexión de pecho en caja: *4* **pág. 19**

Abdominal invertido avanzado: *1-2 series*

 (10-20) **pág. 27**

Elevación de piernas y brazos: *1 serie (6-10)*

 por lado **pág. 31**

Elevación lateral: *4-6 cada lado* **pág. 36**

Estiramiento de cintura (de pie) **pág. 41**

Estiramiento lateral **pág. 40**

Día 12

Abdominales inferiores: *1 serie* **pág. 21**

Abdominal básico: *2 series (12-20)* **pág. 22**

Prolongación extendida: *1-2 series (10-20)*

  pág. 29

Bicicleta: *1 serie (6-10) por pierna* **pág. 37**

«La cobra» **pág. 38**

Estiramiento de cintura (tumbada) **pág. 38**

Una ayuda adicional

Estas tablas permiten tonificar y moldear la zona abdominal, pero si quieres estar en forma deberás incluir alguna actividad que estimule la actividad cardiovascular al menos 15 minutos cada vez. Las opciones más sencillas son nadar, ir en bicicleta, caminar y correr, pero también hacer alguna clase en el gimnasio o practicar algún deporte como el tenis. La cuestión es moverse y probar distintas actividades.

Consejos para un mejor resultado

- Haz ejercicios de calentamiento antes de empezar.
- Reflexiona sobre los resultados que deseas obtener y sé consciente de cómo reacciona el cuerpo.
- Recuerda contraer los músculos abdominales.

- Mantén la columna en posición neutra.
- Inspira con la preparación y espira con el movimiento.
- Realiza los movimientos con lentitud y delicadeza.
- Haz ejercicios de enfriamiento al terminar.

Día 13

Fortalecimiento del abdomen **pág. 18**

Oblicuo avanzado: *1 serie (6-10) por lado*

  pág. 25

Prolongación lateral: *1 serie (6-10)*

  por lado **pág. 28**

Elevación de piernas y brazos: *1 serie (10)*

  por pierna **pág. 31**

Torsión sentada **pág. 39**

Día 14

Abdominal con repeticiones *1-2 series*

  (10-20) **pág. 23**

A. invertido básico: *1-2 series (10-20)* **pág. 26**

Extensión de piernas: *1-2 series (10-20)*

  pág. 30

Toque de puntillas: *1 serie (6-10) por pierna*

  pág. 33

Elevación lateral: *1 serie (6-8) por lado*

  pág. 36